Recorre el
UNIVERSO
y los planetas

LIBSA

© 2023, Editorial Libsa
C/ Puerto de Navacerrada, 88
28935 Móstoles (Madrid)
Tel.: (34) 91 657 25 80
e-mail: libsa@libsa.es
www.libsa.es

ISBN: 978-84-662-4261-5

Textos: Belén Martul
Edición: Equipo editorial Libsa
Diseño de cubierta: Equipo de diseño Libsa
Maquetación: Roberto Menéndez - Diseminando Diseño Editorial
Ilustración: Diego Vaisberg · Collaborate Agency
Fotografías: Shutterstock Images, Gettyimages

DL: M-29935-2022

Introducción

Miras el cielo en una noche estrellada y no eres capaz de imaginar las dimensiones que tiene el universo. ¿Has oído hablar del Big Bang? Ocurrió hace unos 13 800 millones de años y fue el origen de todo.

Si lees las siguientes páginas vas a comprender qué son las galaxias y en cuál nos encontramos, cómo nacen las estrellas, cuándo se originó el Sol y cómo son los planetas que giran alrededor de él y forman el sistema solar. No hay dos planetas iguales y las condiciones físicas de cada uno también son diferentes. ¿Habrá vida fuera de la Tierra?

Descubrirás cuándo empezaron a usarse los telescopios para observar el cielo y cómo han evolucionado. Aprenderás las diferencias entre cometas, asteroides y meteoritos, qué son las nebulosas y cómo es la vida de las estrellas. ¡La de historias que podrían contarnos cada una de ellas!

La curiosidad por saber qué hay fuera de nuestra atmósfera terrestre y el deseo de conquistar el espacio dio lugar a una carrera que arrancó a mediados del siglo pasado. Hace más de 50 años los humanos llegamos a pisar la Luna, y se espera que pronto lo volvamos a conseguir. ¿Cómo han evolucionado los cohetes y las naves espaciales? ¿Y los trajes que hay que llevar en el espacio? ¿Qué son los satélites artificiales y para qué los utilizamos? ¿Podrías vivir en una estación espacial?

Si has sido capaz de contestar a todas estas preguntas es que sabes ya mucho del universo, pero todos seguimos aprendiendo y descubriendo nuevos datos día a día. No te quedes aquí, pasa la página y comienza a viajar por un universo que no para de expandirse.

¡Nos queda tanto por conocer!

El Big Bang

Todo lo que podemos ver en nuestro universo hoy en día (estrellas, planetas, cometas, asteroides...) al principio no existía. ¿De dónde salieron entonces?

Así empezó todo...

El **Big Bang** posibilitó las condiciones para que se creara la **materia** y la **energía**. Es un fenómeno que ocurrió hace mucho, mucho tiempo atrás, a partir del cual surgió el **espacio** y el **tiempo**.

1 La **teoría del Big Bang** señala que hace unos **13 800 millones de años** atrás toda la **materia** y la **energía** que podemos ver se concentró en una **región súper pequeña** hace mucho tiempo, en un estado de **altísima densidad** y **temperatura**.

2 En sus primeros instantes, el **Universo** era extremadamente denso y caliente, y contenía **energía pura**. Entonces, sobrevino un **estiramiento** muy **rápido** de este puntito, y se dieron de forma inmediata las condiciones para que comenzara a existir la **materia**, la **energía**, el **tiempo** y el **espacio**.

Big Bang

Un segundo
10^{27} oC

3 En una **minúscula fracción de segundo**, se crearon numerosas **partículas fundamentales** a partir de la energía mientras el Universo se enfriaba y al cabo de unos cientos de miles de años, estas partículas formaron los **primeros átomos** que darían origen a las **primeras estrellas.**

3

4 Las **estrellas** crearon **otros átomos** como el **helio**, el **carbono** y el **hierro**. Las más **grandes explotaron esparciendo** estos **elementos** en el cosmos. Estos elementos, cocinados en las estrellas, son los que **conforman los planetas**.

¿Y por qué se llama Big Bang?

Como el **universo creció** muchísimo **a partir de un momento**, algunas personas lo llaman «**Big Bang**» (Gran Explosión). Pero quizá el nombre más adecuado sería «**Expansión Total del Universo**».

Temperatura del universo

| es minutos 10^8 °C | 300 000 años 10 000 °C | 1 billón de años −200 °C | 15 billones de años −270 °C | Hoy |

Galaxias...
hay más de una

Miras el cielo y ves un montón de estrellas que brillan. Parece que están aisladas, pero la realidad es que son miles y miles de millones de estrellas que se agrupan en galaxias, que a la vez son también otros miles de millones. ¡El universo es inmensamente grande!

¿Qué es una galaxia?

Una **galaxia** es una agrupación de **miles de millones de estrellas, planetas, polvo y gases**. En su interior son muy activas, pues las estrellas están constantemente girando alrededor del núcleo, como si fuera un gigantesco remolino. Además, las nubes de gases que hay en su interior no paran de formar nuevas estrellas.

Vía Láctea

¿A qué distancia están las otras galaxias?

Las distancias en el universo son muy grandes y no se pueden medir en kilómetros. La luz es lo que se mueve a mayor velocidad, ¡tarda solo un segundo en dar siete veces y media la vuelta a la Tierra!; por eso el **tiempo** se mide en **años luz**, la distancia que puede recorrer la luz en un año terrestre.

¡Estamos aquí!

Sistema solar

La **galaxia más cercana** a la Vía Láctea es **Andrómeda** y está a unos **2,5 millones de años luz,** así que la imagen que vemos desde aquí se formó hace mucho tiempo, antes de que el ser humano existiera sobre la Tierra. Y es la más cercana. ¿Te imaginas a qué distancia puede estar la más lejana?

Tienen diferentes formas y tamaños

Se sabe que hay billones de galaxias y que tienen diferentes formas y tamaños. Con respecto a su forma pueden ser **elípticas**, con menor cantidad de polvo y gas y estrellas de mayor edad; **espirales**, con estrellas de mayor edad cerca del núcleo y más jóvenes en la parte exterior, o **irregulares**, con estrellas desordenadas. También las hay **lenticulares**, con forma de disco, y **barradas**, con dos brazos.

Elíptica

Espiral

Irregular

Lenticular

La Vía Láctea es nuestra galaxia

Nuestro **sistema solar** forma parte de una **galaxia** llamada **Vía Láctea**, nombre que le dieron los griegos en el pasado porque parecía estar formada por **gotas de leche**. Tiene más estrellas de las que podrías contar a lo largo de tu vida, pero verás unas cuantas si te sientas una noche despejada en un lugar alejado de las luces de la población. Una belleza al alcance de tus ojos. La galaxia gira lentamente, ¡son necesarios más de **225 millones de años** para que dé una **vuelta completa**!

Espiral barrada

Ha nacido una estrella

Nubes de gas y polvo

Grandes acumulaciones de polvo y gas se encuentran por el **espacio** formando una especie de nubes. Pueden proceder del Big Bang o de restos de otras estrellas que han explotado.

Una bola que gira

Después de miles de años estas **nubes** empiezan a **agruparse**, a **condensarse** y **encogerse** por efecto de la **gravedad**. Se forman así **grandes concentraciones** de **hidrógeno** y **polvo cósmico** en una especie de **bola** que empieza a **girar**. ¡Aquí va a pasar algo!

Cada estrella que ves en el cielo tiene su propia historia y su ciclo de vida. No siempre estuvieron allí y no permanecerán eternamente, pues también nacen, viven miles de millones de años y mueren. Pero las historias hay que contarlas desde el principio, así que vamos a ello. ¿Cómo nace una estrella?

Aumenta la temperatura

La **temperatura** en el **centro** de esta formación empieza a **subir** más y más. Se alcanza un punto en el que el gas **hidrógeno** que está en su **núcleo interior** comienza a convertirse en gas **helio** y **libera energía** en este proceso de **fusión**.

Comienza a brillar

Y de repente ¡se hace la luz! Este cuerpo **celeste** empieza a **brillar** e inicia su ciclo de vida en el universo. Ha nacido una nueva estrella que vivirá entre once millones y setenta mil millones de años según su tamaño y la velocidad a la que consuma su combustible. Mira ahora el cielo, hay muchas historias brillando ahí.

El Sol: la estrella que nos ilumina

Constituye la fuente de luz y calor que nos permite vivir. Es la estrella más cercana a nuestro planeta, y eso que está a 149 600 000 kilómetros. Situado en el centro del sistema solar, su tamaño representa casi el 99 % de la masa del mismo. Si fuera una esfera vacía, ¡se necesitaría un millón de Tierras para rellenarla!

Zona convectiva

Zona radiante

Núcleo

Manchas solares

¿De qué está compuesto?

El Sol es una **inmensa bola de fuego**, prácticamente redonda, compuesto en un 75 % de **hidrógeno**, un 24 % de **helio** y en un 1% de **otros elementos** como oxígeno, carbono, neón y hierro. Las reacciones de gases en su núcleo hacen que libere energía en forma de luz y calor.

Capas exteriores

La **fotosfera** es la capa que emite la luz visible del Sol y está a unos 5 500 °C. En su parte más externa se sitúa la **cromosfera**, donde se encuentran algunas de las zonas más frías del astro, y después está la **corona**, con una temperatura más elevada incluso que la fotosfera.

Interior del Sol

Esta gigantesca estrella está formada por varias capas muy diferentes entre sí. En su parte más interna está el **núcleo**, donde tienen lugar las reacciones nucleares de fusión del hidrógeno ¡a más de 15 millones de grados centígrados! En la **zona radiante** se produce la radiación de la energía interna del Sol hacia fuera, y en la **zona convectiva** los gases se calientan de manera desigual, con corrientes ascendentes y descendentes semejantes a remolinos.

El viento solar

La corona del Sol libera una corriente de partículas con tanta energía que pueden escapar de su gravedad y producen los **vientos solares** que se extienden por todo el sistema solar. En la Tierra estamos protegidos de estos vientos gracias al **campo magnético**, que actúa a modo de escudo y los repele cuando chocan con él. Se producen así las atractivas **auroras boreales**.

Erupciones solares

En la superficie del Sol hay también **manchas solares**, que son zonas de temperatura más fría. A veces se producen grandes explosiones en torno a estos puntos con una liberación de partículas y radiaciones. Es lo que se conoce como **erupciones solares**.

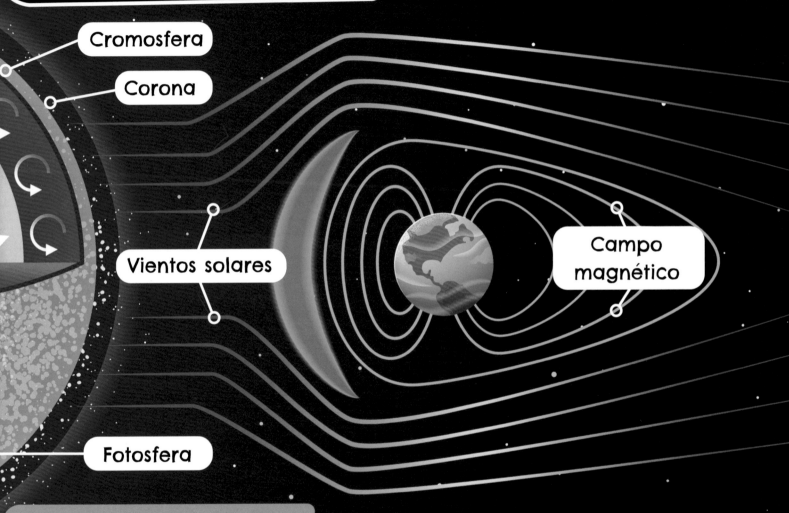

Cromosfera

Corona

Vientos solares

Campo magnético

Fotosfera

El Sol también morirá

El **Sol** vive su **edad intermedia** desde su creación hace 4600 millones de años. Como estrella que es, también **su vida acabará** después de pasar por varias etapas. Primero se irá agotando el hidrógeno de su núcleo y en unos 6000 años se convertirá en una gigante roja que posiblemente engulla las órbitas de Mercurio, Venus, la Tierra, Marte y puede que hasta Júpiter. Posteriormente el núcleo irá reduciéndose y se enfriará hasta apagarse. Ese será su fin.

Girando alrededor del Sol:
el sistema solar

El Sol tiene un tamaño gigantesco y se sitúa en el centro de este sistema. Tiene el poder de conseguir que ocho planetas giren a su alrededor en grandes círculos llamados órbitas y que no se salgan de ese circuito. Utiliza una fuerza especial, llamada gravedad, para lograr que no se dispersen y pierdan el rumbo.

El origen

Hace unos 4600 millones de años una **gran nube de polvo y gas** comenzó a **contraerse**. La mayor parte del material fue atraído hacia el centro y empezó a **calentarse** hasta convertirse en el **Sol**. A partir del **resto** de **polvo y gas** se fueron formando los **planetas** y los otros **cuerpos celestes**.

MARTE

Cinturón de asteroides

Se encuentra **entre Marte y Júpiter**, entre los planetas rocosos y los gaseosos constituyendo un **gran anillo**. Se cree que los planetas se formaron por una agrupación de asteroides.

VENUS

TIERRA

MERCURIO

Planetas rocosos

Los cuatro planetas que se encuentran más cerca del Sol son **Mercurio**, **Venus**, **la Tierra** y **Marte**. Tienen un **núcleo de metal** y una **superficie sólida** formada por rocas.

Cinturón de Kuiper

Un **anillo de cuerpos helados** se sitúa fuera de la órbita de Neptuno. En él se encuentran **diferentes cuerpos celestes**, como el planeta enano Plutón, el más famoso, o Eris y Haumea.

PLUTÓN

URANO

Planetas gaseosos

Hay cuatro planetas que están más alejados del Sol: **Júpiter**, **Saturno**, **Urano** y **Neptuno**. Son mucho **más grandes** que los **planetas rocosos** y se encuentran **más separados entre sí**. Están constituidos fundamentalmente por **gases y líquidos**, así que no podrías caminar sobre ellos porque te hundirías.

NEPTUNO

¿Y qué pasa con Plutón?

En 2006, Plutón dejó de ser considerado un planeta y pasó a ser un **planeta enano** por sus **características específicas,** que le hacen diferente al resto de los planetas del sistema solar.

JÚPITER

SATURNO

...¿Y si los planetas fueran frutas?

MERCURIO	VENUS	TIERRA	MARTE	JÚPITER	SATURNO	URANO	NEPTUNO

Vivimos en el océano azul: la Tierra

Una atmósfera nos rodea y crea una capa de protección a nuestro alrededor, y además estamos a la distancia justa del Sol para recibir su calor con una temperatura adecuada para que exista agua en los tres estados: sólido, líquido y gaseoso. Es decir, se dan las condiciones ideales para que en nuestro planeta haya vida.

A simple vista

Desde el espacio, la Tierra parece un gran balón azul que flota. Este color es el de los **océanos**. Hay también **tonalidades pardas y verdosas**, los **espacios continentales**, con sus desiertos, praderas, bosques y ciudades. A veces extensiones **blancas** de **nubes** se colocan sobre su superficie. ¡Tuvieron que pasar muchos años hasta que tuvimos esta primera visión!

SOL

ATMÓSFERA

TIERRA

Y surgió la vida

Hace unos **3 800 millones de años**, cuando cesó la lluvia de cometas y asteroides sobre la Tierra y esta logró enfriarse un poco, empezaron a **formarse** los **océanos**. La protección de la atmósfera, las condiciones de temperatura y la presencia de agua hicieron posible que aparecieran aquí los **primeros seres unicelulares**.

La Tierra gira

Ponte frente al Sol y empieza a girar lentamente. ¿Ves cómo se van iluminando partes de tu cuerpo y otras van quedando a la sombra? Así es el movimiento de **rotación** de la Tierra sobre su eje. Cada vuelta completa dura **24 horas** y es lo que da lugar a los **días** y las **noches**.

Nuestro planeta gira sobre su eje, pero no recto como una peonza, sino ligeramente inclinado. Al mismo tiempo va desplazándose alrededor del Sol siguiendo su propia órbita, en un movimiento de **traslación**. La **combinación** de los **dos movimientos** hace que unas veces estemos más cerca y otras más lejos del Sol, lo que da lugar a las **estaciones** y a que los días sean más largos en verano y más cortos en invierno. La Tierra tarda **365 días** en dar una **vuelta completa alrededor del Sol** a una velocidad de unos 30 kilómetros por segundo y sin parar de girar sobre su eje ligeramente inclinado. ¡Y nosotros sin notar el movimiento!

MOVIMIENTO DE TRASLACIÓN

MOVIMIENTO DE ROTACIÓN

LUNA

MANTO

CORTEZA

NÚCLEO EXTERNO
(LÍQUIDO)

NÚCLEO INTERNO
(SÓLIDO)

Una Tierra de varias capas

Alrededor del globo terráqueo está la **atmósfera**, un escudo que repele los rayos solares que pudieran perjudicarnos, frena los impactos de los asteroides y cometas y crea un espacio que mantiene una temperatura mínima. En la superficie está la **corteza terrestre**, sobre la que vivimos y nos movemos. Por debajo se encuentra el **manto rocoso** y en el interior está el **núcleo**, compuesto de hierro y níquel y donde hay una temperatura muy alta, ¡la misma que en la superficie del Sol!

Mercurio:
el planeta más cercano al Sol

Es el planeta más pequeño del sistema solar, un poco mayor que la Luna, nuestro satélite. Debido a su cercanía al Sol recibe sus rayos con una intensidad diez veces superior que la Tierra. Posee un núcleo de metal grande y denso. No tiene atmósfera, así que carece de protección, y gira rápido alrededor del Sol, por lo que los griegos se referían a él como «el mensajero de los dioses».

MERCURIO

SOL

En la órbita de Mercurio

BepiColombo, así se llama la última nave que partió a finales de 2018 rumbo a Mercurio. En el 2021 **logró situarse** a 199 km de su superficie y **envió nuevas imágenes**. En 2025 alcanzará su órbita y desde allí investigará este planeta, muy **desconocido** todavía para los seres humanos. ¿Qué descubriremos?

Los años son más cortos

Solo son necesarios **88 días terrestres** para que **Mercurio** dé una **vuelta completa alrededor del Sol,** o lo que es lo mismo, esto es lo que dura un año en este planeta. A la hora de moverse tiene otra curiosidad, y es que la velocidad de giro sobre su eje es mucho más lenta que la que lleva alrededor del Sol, por lo que **solo cada 59 días terrestres** tiene lugar un **amanecer** en Mercurio. ¡Vaya lío de fechas!

COMPOSICIÓN DE LA ATMÓSFERA DE MERCURIO

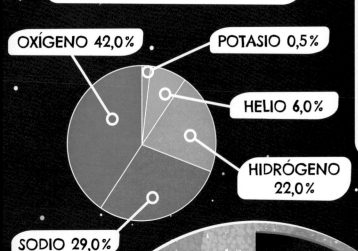

OXÍGENO 42,0%

POTASIO 0,5%

HELIO 6,0%

HIDRÓGENO 22,0%

SODIO 29,0%

Pequeño pero denso

Tiene una **corteza exterior**, un **manto** y un **núcleo** muy rico en metales que ocupa prácticamente un 42% de su tamaño total. Esto hace que, a pesar de su pequeño tamaño, tenga una **densidad** solo **ligeramente inferior** a la de la Tierra, el planeta más denso del sistema solar. Mercurio, ¡eres muy denso!

Una superficie llena de cráteres

La ausencia de atmósfera no solo hace que se vea expuesto a temperaturas imposibles; también los **asteroides** y **cometas impactan** contra su **superficie** al no encontrar ningún escudo protector. El pobre Mercurio está cubierto de cráteres y grietas.

NÚCLEO

MANTO

CORTEZA

SUPERFICIE DE MERCURIO

Temperaturas extremas

Al estar tan **cerca del Sol,** y **sin** una **atmósfera** que permita mantener una temperatura más o menos constante, puede llegar a alcanzar los **430 °C** en su superficie. ¡Un auténtico horno! Pero al mismo tiempo, en **la otra cara,** que no está frente al Sol pero sí expuesta al frío del espacio, la temperatura baja hasta los **-180 °C**. Mercurio es un planeta de **temperaturas extremas**.

Para pasar auténtico calor, Venus

Nuestro vecino Venus tiene un tamaño similar a la Tierra, aunque ligeramente inferior. Está rodeado de una atmósfera de dióxido de carbono que atrapa la energía solar y sufre de un calor extremo. Al igual que Mercurio, no tiene lunas. Puedes verlo brillar en la parte baja del horizonte cuando no esté el Sol, a última hora de la tarde o primera hora de la mañana.

El planeta más caluroso

Está rodeado por una **densa capa de nubes** que refleja al espacio la mayoría de la luz del Sol, pero la que logra atravesarla es absorbida por su atmósfera. Posee la **temperatura más alta** de todos los planetas, aproximadamente unos **460 ºC en toda su superficie**, y no varía de manera significativa entre el día y la noche. Hace más calor que en Mercurio. ¡No hay aire acondicionado que solucione esto!

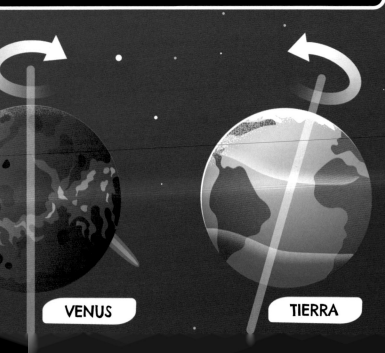

VENUS

TIERRA

Girando en la dirección opuesta

Venus **gira sobre su eje** en **vertical**, sí, pero **en dirección opuesta** a la que lo hacen otros planetas. Tarda **243 días** terrestres en dar **una vuelta** sobre sí mismo. ¡Un día se hace muy largo en Venus!

El mayor efecto invernadero

La **atmósfera** de Venus está compuesta de **dióxido de carbono** que atrapa los rayos de Sol e impide que se escapen, lo que hace que el **calor** sea **extremo**. Además, la **presión atmosférica** es tan **fuerte** que si uno pudiera ponerse en su superficie tendría una sensación similar a la presión que se siente bajo el mar, pero sin una gota de agua.

Un destino poco turístico

Muchas son las **sondas espaciales** que han viajado a Venus. Fue el primer cuerpo del sistema solar, después de la Luna, en el que se volcaron las investigaciones científicas. Los datos recogidos informan de una **superficie llena de cráteres** y **volcanes sin actividad**, una **temperatura extrema** que no da tregua en ningún momento, una **atmósfera densa de dióxido** de carbono que produce un efecto invernadero, una **lluvia constante de ácido sulfúrico** que no hay forma de parar y donde ya **no queda agua** por ningún lado... Mejor escogemos otro lugar para hacer turismo, ¿verdad?

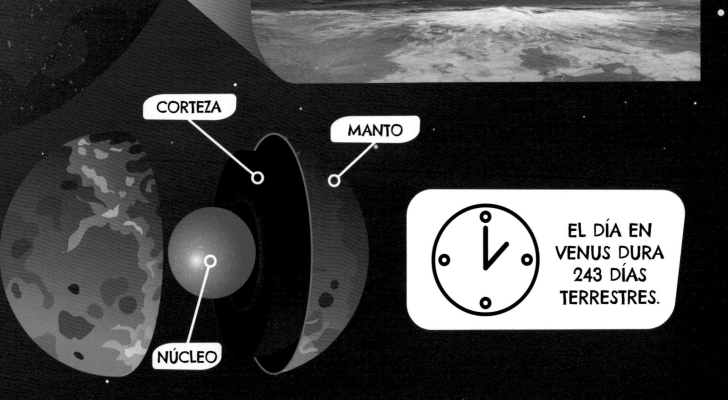

CORTEZA

MANTO

NÚCLEO

EL DÍA EN VENUS DURA 243 DÍAS TERRESTRES.

Hay un planeta rojo:
Marte

DEIMOS

Tiene un color ocre característico que procede de los compuestos de hierro que hay en su superficie. No es un planeta muy grande. Su diámetro es aproximadamente la mitad del de la Tierra y su gravedad en superficie es la tercera parte de la que tenemos aquí, es decir, que tus saltos allí alcanzarían tres veces más de altura, ¡y con el mismo esfuerzo!

FOBOS

Deimos y Fobos, las lunas marcianas

Son los **dos satélites naturales** del planeta, dos pequeñas lunas irregulares descubiertas en 1877 y que se cree fueron atraídas desde el cercano cinturón de asteroides que hay entre Marte y Júpiter, aunque no se sabe con seguridad. Fobos tiene el doble de ancho que Deimos, que con sus 15 km tiene una dimensión semejante a una ciudad.
Sus nombres son los de los dos hijos que acompañaban al dios Marte en la mitología griega: Deimos (terror) y Fobos (miedo).

Perseverance

La NASA envió en **2020** el rover **Perseverance** a Marte para **continuar la exploración de su superficie.** Es el robot **más grande** que ha sido puesto jamás en otro planeta: tiene el tamaño de un auto mediano. Está dotado con los **instrumentos científicos más avanzados** que jamás hayan pisado Marte, además de llevar un prototipo de helicóptero que funcionó con éxito y que apoyará futuras misiones.

Un futuro en Marte

Grandes inversiones privadas tienen su objetivo en Marte. El **debate** acerca de si se podría **vivir allí o no** está **abierto**. Lo que sí es seguro es que en los próximos años sabremos mucho más de este planeta rojo. ¡Cuántos secretos quedan por descubrir!

El monte Olimpo

Es el **volcán más grande** del **sistema solar** y se encuentra en Marte. Con sus casi **25 km de altura** en la parte central equivale a **tres veces el monte Everest**. La caldera tiene 85 km de largo, 60 km de ancho y casi 3 km de profundidad. La base de este volcán tiene una superficie parecida a todo Ecuador. ¡Unas dimensiones espectaculares!

	MATERIAL
CORTEZA	Roca
MANTO	Roca fundida
NÚCLEO	Hierro y sulfuro de hierro

¿Hay agua en Marte?

Se han encontrado indicios de que hubo **corrientes de agua** en su **superficie**. Es muy posible que hubiera lagos e incluso un océano, pero el enfriamiento del planeta y su débil atmósfera provocaron que esta desapareciera o se congelara. En la actualidad el **agua** se encuentra en **forma de hielo** en los casquetes polares y se está investigando la presencia de lagos de agua salada en el subsuelo del polo sur.

¿Y vida?

Varias son las **sondas** que se han enviado a Marte y **equipos robotizados** en **superficie** como el Perseverance recogen datos que pueden ayudar a desvelar los misterios que esconde este planeta que tanto nos atrae. Todavía no se ha podido demostrar la existencia de vida microbiana, pero la **presencia de agua** deja abierta esta posibilidad y se continúa con la búsqueda.

Júpiter: la gran bola de gas

Cruzamos el cinturón de asteroides y nos encontramos con el brillante Júpiter, el mayor de los planetas del sistema solar. Está formado por gases, principalmente por hidrógeno y helio, lo que hace imposible aterrizar sobre él pues nos hundiríamos en su superficie nada más intentarlo. Por no hablar de sus tormentas...

CALISTO

Días y años en Júpiter

Pese a su gran tamaño, **Júpiter gira a gran velocidad**, pero es su atmósfera gaseosa la que se mueve. En solo **10 horas** da una **vuelta completa**, lo que significa que sus días no son muy largos. Sin embargo, su **órbita alrededor del Sol** es **grande** y necesita **12 años terrestres** para completarla. Si estuvieras allí ¡solo podrías celebrar tu cumpleaños cada 12 años!

Las lunas galileanas de Júpiter

El campo magnético de Júpiter es muy grande, por lo que tiene muchos **satélites** girando a su alrededor. Se han identificado **79 lunas**, pero su número no para de crecer. Cuatro de ellas destacan por su tamaño y por su composición: **Ío**, la más próxima y con 400 volcanes activos; **Europa**, la más pequeña y cubierta por una capa de hielo debajo de la cual es muy posible que haya agua, y puede que vida; **Ganímedes**, el satélite natural más grande de todo el sistema solar y el único que tiene un campo magnético debido a su núcleo de hierro; y **Calisto**, cuya superficie presenta el mayor número de cráteres producidos por impactos en el sistema solar. ¡Júpiter está muy bien acompañado!

GANÍMEDES

El planeta más grande

Aunque juntáramos todos los planetas del sistema solar no llegaríamos a tener ni la mitad de la masa de Júpiter. Su **diámetro** es **11 veces** el de la **Tierra**. Para que te hagas una idea, hazte con un garbanzo y un cuenco de unos 11 cm de diámetro. Esa es la diferencia de tamaño entre los dos planetas. ¡Para rellenar el volumen de Júpiter necesitarías 1300 Tierras!

HIDRÓGENO LIQUIDO

EUROPA

HIDRÓGENO METÁLICO

ATMÓSFERA

NÚCLEO

ÍO

LA GRAN MANCHA ROJA

Una superficie tormentosa

Su atmósfera está cubierta permanentemente por un manto nuboso bajo el que se encuentra un alto grado de turbulencia. La **Gran Mancha Roja** es el fenómeno meteorológico más conocido de Júpiter. Ocupa una superficie de casi dos veces y media la Tierra y los **vientos** pueden llegar a moverse a casi **400 km/h** en esta **gran tormenta permanente**.

Saturno: el planeta de los anillos

Es el segundo planeta más grande del sistema solar después de Júpiter, y también el más aplanado. Aunque no es el único planeta que tiene anillos, sí que son los más visibles desde la Tierra y constituyen su mayor seña de identidad.

Un gigante gaseoso

Tiene un **diámetro** de **120 536 km**, o lo que es lo mismo, dentro cabría unas 755 veces la Tierra. Presenta una figura ligeramente **achatada por los polos** y su composición es parecida a la de Júpiter. Dispone de un **núcleo rocoso** y de varias **capas** compuestas sobre todo de **hidrógeno líquido** y **gaseoso**.

ATMÓSFERA GASEOSA

HIDRÓGENO

DIONE

ENCÉLADO

REA

Los anillos de Saturno

Varios **anillos** compuestos de **hielo**, **polvo** y **roca** rodean este gran planeta. Están situados a distancias que van desde los 6 630 kilómetros a los 120 700 kilómetros por encima de su ecuador. Las partículas que los componen tienen **tamaños muy diversos**, pueden ser microscópicas o tener varios metros de diámetro, y se organizan en **distintas regiones** de más o menos densidad interactuando con la gravedad del planeta y de sus diversas lunas. ¡Un paisaje fascinante!

Un curioso hexágono

En el polo norte de Saturno hay una curiosa **forma hexagonal** de 30 000 km de ancho. Se trata de una **corriente en chorro** que cambia de color con las estaciones y que posee una **gigantesca tormenta** en su centro. ¡Un fenómeno meteorológico único en el sistema solar!

ROCA

HIELO

TETIS

TITÁN

Titán y otras lunas

Saturno está rodeado de múltiples satélites de diversos tamaños. La más conocida de todas sus lunas es **Titán**, la segunda más grande del sistema solar detrás de Gamínedes, la luna de Júpiter. Tiene un tamaño mayor que el planeta Mercurio y es la única con atmósfera claramente destacada. **Encélado** es otro satélite, pequeño pero muy brillante pues refleja toda la luz solar que incide sobre él. Está cubierto por una capa de hielo y se está estudiando la posible existencia de agua bajo su superficie. **Tetis, Rea** o **Dione** son otras de sus lunas.

Un planeta de poca densidad

Es el único planeta del sistema solar que tiene una **densidad** inferior a la del agua. Esto se traduce en que si pudiéramos construir una piscina gigantesca en la que sumergir a Saturno, ¡flotaría!

Urano gira como ninguno

Conocido como el gigante de hielo, pues es el más frío del sistema solar, es el tercer planeta gaseoso, séptimo en su distancia al Sol. A pesar de su gran tamaño, tiene una gravedad muy parecida a la de la Tierra porque es poco denso pero, al ser gaseoso, no podrías poner un pie sobre su superficie. Su posición es muy singular, como si hubiera colisionado con algo hace miles de millones de años y lo hubiera descolocado.

Urano y sus anillos

Aunque no es posible verlos fácilmente desde la Tierra, tiene también **anillos**, aunque mucho más tenues que los de Saturno.

La única sonda que se ha acercado a Urano (a 81500 km de su superficie) fue la Voyager 2, en 1986.

Las lunas de Urano

Tiene **27 satélites naturales** conocidos. Las cinco lunas principales son, de mayor a menor: **Titania**, **Oberón**, **Umbriel**, **Ariel** y **Miranda**. La masa de los cinco satélites juntos es menor que la mitad de Tritón, el satélite más grande de Neptuno. Titania y Oberón son los más grandes y reciben los nombres de dos personajes de una obra de William Shakespeare, el de la reina y el rey de las Hadas, respectivamente.

URANO

TIERRA

ATMÓSFERA EXTERIOR	Capa de nubes altas
ATMÓSFERA INTERIOR	Hidrógeno, helio y metano
MANTO	Hielo, metano y amoniaco
NÚCLEO	Silicatos, hierro y níquel

Una superficie muy fría

Posee una **atmósfera** densa de **metano**, **hidrógeno** y **helio**. Es la **más fría** de todos los planetas del sistema solar con una temperatura de **−224 °C**. Por debajo de ella está compuesto en su mayor parte por **hielo fluido** que envuelve un **núcleo sólido**.

El planeta tumbado

Comparado con los otros planetas parece que estuviera caído, lo que hace que tenga un giro muy particular, **¡gira de lado!** Sus polos se encuentran en la posición en la que en otros planetas está el Ecuador. Sus anillos reciben los rayos del Sol perpendicularmente. No se sabe exactamente por qué tiene esta posición, aunque se cree que pudo ser el resultado de un **choque** con algún gran **asteroide durante su formación.**

Noches y días muy largos en los polos

Una vuelta alrededor del Sol dura 84 años terrestres en Urano, pero lo más destacado es que debido a su posición «tumbada» sus **polos** se ven expuestos a **42 años de luz solar** constante y a otros **42 años de oscuridad** total.

1965

2028

1986

2007

Neptuno: un gigante azul

Es el octavo planeta del sistema solar, el que se encuentra más alejado del Sol y se caracteriza por el intenso color azul que refleja. Fue descubierto en 1846 gracias a predicciones matemáticas sobre su posición que luego demostraron ser correctas. Si lo comparamos con la Tierra, su volumen equivale a 57 veces nuestro planeta.

El extraño movimiento de Tritón

Actualmente se conocen **14 satélites de Neptuno**, de los cuales **Tritón** es el más grande, con 2700 kilómetros de diámetro, y el que posee más del 99 % de la masa que orbita alrededor de este planeta. Es el único con forma esférica y, lo que es más llamativo, se mueve en su órbita en **sentido contrario** a las grandes lunas de todos los planetas del sistema solar. Poco a poco está siendo **atraído** hacia la **superficie** de Neptuno, lo que en un futuro lejano podría **acabar** con él.

Los anillos de Neptuno

Son más tenues que los de Urano y por supuesto que los de Saturno. Están formados por **partículas** de **hielo y roca,** por lo que su color es muy oscuro. Son relativamente jóvenes e inestables y algunos arcos parece que se están desintegrando.

Una atmósfera revuelta

Neptuno recibe **poco calor del Sol** y su temperatura en superficie es de unos –218 °C, pero parece tener una **fuente de calor interna** que irradia al exterior y el contraste produce potentes fenómenos climáticos. La estructura atmosférica tiene bandas similares a las de otros planetas gaseosos donde se producen **huracanes gigantes** del diámetro de la Tierra y **vientos** con velocidades de **2 000 km/h**, las mayores del sistema solar.

Una vuelta cada 165 años

Hablamos del planeta más alejado del Sol, así que la órbita que describe alrededor de él es también muy grande. Necesita **165 años** para dar una vuelta completa. ¡Más de lo que dura una vida humana!

Un núcleo rocoso del tamaño de la Tierra

La estructura interna de Neptuno es similar a la de Urano. Un **núcleo rocoso**, de un diámetro similar al de la Tierra, metido dentro de una **cáscara helada** alrededor de la cual hay una capa densa de **gases** atmosféricos, fundamentalmente **hidrógeno**, **helio** y **metano**. Mientras que el exterior es helado, el **núcleo** puede alcanzar temperaturas cercanas a los **4 700 °C**. ¡Todo un contraste de temperaturas!

ALTA ATMÓSFERA

ATMÓSFERA

NÚCLEO

TIERRA

MANTO

NEPTUNO

Déjame ver el cielo

En una noche despejada te quedas contemplando el cielo y observas muchos puntos luminosos. Algunos parecen agruparse y formar dibujos o figuras conocidas: son las constelaciones de estrellas. ¿A qué distancia estarán? ¿Cuándo surgieron? ¿Qué cuerpos celestes hay en ese gran universo? Estas preguntas no son nuevas: todas las civilizaciones han sentido una gran curiosidad por saber qué hay más allá.

TELESCOPIO ÓPTICO

¿Para qué sirve un telescopio?

Desde hace siglos se emplean los **telescopios** para **estudiar el universo**, para descubrir planetas, estrellas, galaxias y todo tipo de cuerpos celestes. Muchos perciben la luz visible y utilizan sus lentes para acercar esas imágenes, pero hay telescopios que captan otro tipo de información del universo, que detectan señales no accesibles al ojo humano y que nos revelan constantemente nuevos y fascinantes datos.

RADIOTELESCOPIO

TELESCOPIO ÓPTICO HUBBLE

El telescopio óptico

Un **telescopio óptico** o de luz visible nos permite ver objetos alejados como si estuvieran muy cerca con un **sistema de lentes** o **espejos** que trabajan con la **luz visible**. Los hay de muchos tamaños, desde los de uso personal y de aficionado a los instalados en grandes observatorios internacionales. También los hay **orbitando en el espacio**, fuera de la atmósfera terrestre, como el **telescopio Hubble**, que desde 1990 ha permitido observar más de un millón de objetos. Su tamaño es similar a un camión mediano. En 2022 se puso en el espacio el **telescopio James Webb**, que ha obtenido excelentes imágenes del espacio profundo.

Enormes ojos y oídos analizan el universo

Los **cuerpos celestes** emiten **múltiples radiaciones**, no todas de luz visible. Hay emisiones de **calor** que pueden llegar a través de **luz infrarroja**, información que es captada por **telescopios de infrarrojos**, o por medio de **ondas de radio**, que sintonizan grandes antenas parabólicas de los **radiotelescopios** y traducen en gráficos que se pueden analizar. En el espacio hay también **telescopios** que captan los **rayos ultravioleta, X y gamma** y han permitido encontrar galaxias, nebulosas, supernovas y agujeros negros. ¡Tenemos todo un despliegue de telescopios analizando el universo!

El primero en observar el cielo

Galileo Galilei fue el primero en observar el cielo a través de un telescopio en 1609. Gracias a este primitivo instrumento vio que **el Sol tenía manchas** y que **la Luna** tampoco era perfecta, sino más bien un cuerpo rocoso lleno de **irregularidades** en su **superficie**. Vio los satélites de Júpiter orbitando a su alrededor y los anillos de Saturno, aunque no supo identificar qué eran. Sus observaciones del cielo permitieron confirmar que **la Tierra no era el centro del sistema solar**, algo revolucionario para la época y que apoyaba la teoría heliocéntrica de Copérnico. Le obligaron a renegar de sus ideas, pero nadie pudo evitar que se convirtiera en el **padre de la astronomía moderna**.

TELESCOPIO ÓPTICO

La Luna tiene varias caras

Es el único satélite natural que gira alrededor de nuestro planeta. Aunque por la noche la veamos tan cerquita, está a 385 000 km de distancia. Tiene menos gravedad que la Tierra, así que un paseo por su superficie te haría sentir como si tus pies volaran.

CUARTO CRECIENTE

LUNA NUEVA

¿Qué tamaño tiene la Luna?

Es **mucho más pequeña** que la **Tierra**. Su diámetro es cuatro veces menor y tiene una superficie similar al continente africano. Si tuviéramos que rellenar una esfera de tamaño similar a la Tierra ¡necesitaríamos cincuenta Lunas!

CUARTO MENGUANTE

Girando alrededor de la Tierra

La Luna nunca está quieta. **Gira sobre sí misma** en un movimiento de **rotación y alrededor de la Tierra** en un movimiento de **traslación**. Tarda lo mismo en completar cada movimiento, unos **28 días**, por eso da igual qué día mires, verás siempre la misma cara. Hay otra cara que permanece siempre oculta.

Una cara pero con muchas formas

¿Te has fijado que la forma de la **Luna va cambiando** cada noche del mes? Esto es porque, según va girando, el **Sol ilumina distintas partes** del satélite y da lugar a las llamadas **fases lunares.** Cuando no recibe ninguna iluminación se da la fase de **luna nueva**, y no se ve. Poco a poco se va iluminando una parte, será el **cuarto creciente** (en el hemisferio sur, cuarto menguante). A la semana siguiente estará completamente iluminada, es la fase de **luna llena**. Seguirá su giro y a la semana empezará a tener partes que quedan a la sombra, entrará en **cuarto menguante** (en el hemisferio sur, cuarto creciente). Una semana después será de nuevo luna nueva y se repetirán todas las fases cada mes. La próxima vez que la mires ya podrás identificar en qué fase está.

LUNA LLENA

La Luna y las mareas

No tiene un gran tamaño, y tampoco está excesivamente cerca de nosotros, pero la Luna posee una **fuerza de atracción sobre la Tierra** muy grande. Es la responsable de las **mareas**, de que el agua de las playas se acerque y se aleje de la costa cada día.

Eclipse: nos ponemos en línea

Entre tanto movimiento y giros de la Luna y la Tierra, algunas veces ocurre que nos ponemos en la misma línea en órbita con el Sol y nos tapamos la visión. Son los **eclipses**. Si es la Luna la que se interpone entre el Sol y la Tierra es un **eclipse solar.** Si es la Tierra la que se interpone entre el Sol y la Luna es un **eclipse lunar**. En el primer caso dejamos de ver por unos minutos el Sol y en el segundo caso la sombra de la Tierra se proyecta sobre la Luna.

ECLIPSE LUNAR

ECLIPSE SOLAR

Los cometas vuelan alto

Estos cuerpos celestes presentes en el universo están compuestos de polvo y hielo. Se cree que son restos de la formación del sistema solar y siguen una órbita elíptica alrededor del Sol. A veces es posible verlos desde la Tierra.

¿Qué es un cometa?

Es una **bola de hielo y tierra** que, a medida que se acerca al Sol, el calor y la radiación vaporizan el **polvo** y el **hielo** del cometa hacia atrás y se ve una **cola** que puede tener millones de kilómetros de largo. Son difíciles de ver desde la Tierra si no se dispone de un equipo especializado, aunque algunos cometas son lo suficientemente brillantes para **verse a simple vista**. El brillo procede de reflejos de la luz del Sol en la cola.

¿De dónde proceden?

La mayoría proceden del **cinturón de Kuiper**, situado después de la órbita de Neptuno. Tienen un periodo orbital de alrededor de 200 años. Otros proceden de una zona todavía más externa, la **nube de Oort,** a casi un año luz del Sol. Los cometas aquí tienen órbitas muy alargadas y ¡pueden tardar hasta 30 millones de años en dar una vuelta al Sol!

NÚCLEO

COLA IÓNICA

COLA DE POLVO

COMA

Las colas de los cometas

Los cometas disponen de una parte central que es el **núcleo**. La mayoría liberan polvo y gas cuando se acercan al Sol en una delgada atmósfera exterior conocida como **coma**. Las corrientes de polvo y gas lanzadas hacia atrás forman dos colas que apuntan en diferentes direcciones. El polvo es responsable de una cola, la **cola de polvo**, y los gases forman la segunda cola, llamada **plasma o cola de iones**, que tiende a apuntar lejos del Sol.

Diferencias entre cometas y asteroides

Los **cometas** y **asteroides** son **restos** que existen desde la **formación del sistema solar**. Se **diferencian** en su **composición** y en su **tamaño**. Los cometas suelen ser más pequeños que los asteroides, están compuestos de hielo, polvo y compuestos orgánicos y tienen largas colas, envidiadas por los asteroides que están compuestos de roca y metal y no tienen cola.

CINTURÓN DE
ASTEROIDES

SOL

COMETA
HALLEY

Halley, el cometa más famoso

Fue el **primer cometa** en ser **reconocido** como **periódico**, es decir, que describía una órbita de una duración determinada que fue calculada por el astrónomo Halley en 1705. Su núcleo no es especialmente grande. Mide unos **15 km de largo** y unos **8 km de ancho** y tiene una forma parecida a un cacahuete. Se puede ver desde la Tierra aproximadamente cada 75 años, así que la próxima vez que pase cerca y sea visible será en el 2061. ¡Apúntalo en tu agenda!

¡Que no caiga un meteorito!

Es posible que nunca hayas visto ninguno, pero se calcula que casi 17 000 caen cada año sobre la Tierra. Tienen tamaños diversos que van desde los pocos centímetros a varios metros. La mayoría no superan los 50 gr aunque los hay hasta de 10 kg. Se habla de ellos con cierto temor, pero ¿qué son realmente? ¿De dónde vienen?

¿Qué es un meteorito?

Son **fragmentos de rocas espaciales** que logran **atravesar la atmósfera** terrestre e **impactan** sobre la superficie del planeta. También se han detectado meteoritos en Marte y en la Luna. Su **composición** puede ser fundamentalmente **rocosa, metálica o mixta**. Los más habituales suelen ser restos de pequeño tamaño, pero se tiene registro de algunos meteoritos muy grandes que cayeron sobre la Tierra y que ¡pesaban varias toneladas!

¿Cuál es su origen?

Provienen de **restos** de la formación de **satélites naturales, de trozos de asteroides,** o de fragmentos desprendidos de un **cometa**. Estos cuerpos se conocen como **meteoroides** y siguen la órbita del cuerpo celeste original. Cuando abandonan su órbita para entrar en la órbita terrestre se convierten en **meteoros**, que en su gran mayoría arden y se desintegran al atravesar la atmósfera de nuestro planeta dejando un destello de luz visible: es lo que llamamos una **estrella fugaz** o **lluvia de estrellas**.

¿Conocías la diferencia?

ATMÓSFERA

METEOROIDE

Cuerpo celeste mayor que el polvo cósmico pero menor que un asteroide.

METEORO

Fenómeno luminoso que se produce cuando un meteoroide entra en la atmósfera y se calienta por la fricción con el aire.

METEORITO

Fragmento de asteroide que no se desintegra al atravesar la atmósfera y choca contra la superficie terrestre.

De meteoro a meteorito

Los **meteoros arden** en las **capas altas** de la atmósfera, a una altura aproximada de 120 km, y normalmente se extinguen a 70 km. En el caso de que **no** se hayan **desintegrado** totalmente es cuando **impactan** sobre la **superficie terrestre** en forma de **meteorito**. Si son restos grandes pueden abrir un cráter en la superficie.

¿Un meteorito causó la extinción de los dinosaurios?

Hace **66 millones de años** un **enorme meteorito** de más de 10 km de diámetro **impactó** en la superficie terrestre provocando un **cráter gigantesco** de más de 180 km de diámetro en la **península del Yucatán (México).** Después del impacto la placa continental sufrió una fuerte sacudida y provocó grandes **tsunamis.**
Se cree que esta fue una de las **causas de la extinción de los dinosaurios.**
Un impacto así se calcula que puede ocurrir una vez en 250 millones de años.

Eso parece una nebulosa

En el universo, además de estrellas y planetas, hay espacios formados por polvo y gases. Una intensa actividad tiene lugar en estas acumulaciones que cumplen funciones variadas y tienen formas y orígenes distintos. Vamos a ajustar el telescopio y mirar con atención.

¿Qué es una nebulosa?

Una **nebulosa** es una **gran nube** formada de **polvo cósmico y gases**, que fundamentalmente son hidrógeno y helio. Tanto por sus características como por su origen hay **diferentes tipos**, pues exist nebulosas en las que se forman estrellas y nebulosas que surgen cuando las estrellas mueren.

NEBULOSA DEL CANGREJO

Remanentes de supernovas

Las **estrellas muy masivas** no son nada discretas y terminan su vida montando un espectáculo en forma de **supernova**. Explotan violentamente y causan estructuras más caóticas debido a las onda de choque de la explosión. La más característica es la **nebulosa del Cangrejo**, situada a 6 300 años luz. Se formó en el año 1054 y el acontecimiento fue documentado por astrónomos chinos y árabes.

Nebulosas planetarias

Se forman cuando una **estrella de tamaño intermedio** llega al **final** de su **existencia**. La luz que emite procede de **emanaciones de gases y polvo** de las capas más externas de la estrella que finaliza su vida. Estas nebulosas suelen tener una **forma esférica** y son menos brillantes que las nebulosas de emisión. Un ejemplo es la **nebulosa de la Hélice** situada a 650 años luz de distancia. El destino del Sol será convertirse en una nebulosa planetaria dentro de miles de millones de años.

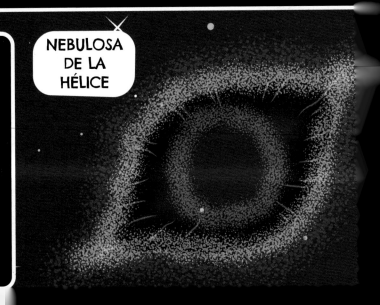

NEBULOSA DE LA HÉLICE

NEBULOSA CABEZA DE CABALLO

Nebulosas oscuras

No están asociadas a ninguna estrella, por lo tanto ni brillan ni emiten luz. Son **regiones oscuras** que ocultan las estrellas en formación que contienen o el gas que está detrás. La más conocida es la **nebulosa Cabeza de Caballo**, situada a 1500 años luz de la Tierra. ¡Dan un poco de miedo!

Nebulosas de emisión

Son las más **brillantes** y **espectaculares**. Tienen **formas irregulares** y brillan con **luz propia** procedente de los **gases** que hay en su interior y que emiten luces de diferentes colores excitados por las estrellas cercanas. La más conocida es la **nebulosa Omega**, situada a unos 5000 años luz de distancia. ¡Se cree que casi 10000 estrellas han nacido de ella!

NEBULOSA OMEGA

NEBULOSA DE LAS PLÉYADES

Nebulosas de reflexión

No tienen capacidad para emitir luz propia pero **reflejan la luz de estrellas próximas**. Suelen tener un **color azulado** y albergan numerosas estrellas jóvenes. Un ejemplo es la **nebulosa de las Pléyades**, que está a 444 años luz de la Tierra y alberga cerca de 1000 estrellas de poco más de 100 millones de años de vida.

Un caso especial: la nebulosa de Orión

Combina regiones de **emisión** y de **reflexión**, por lo que ver la cantidad de colores que presenta resulta fascinante. Tiene regiones con **estrellas jóvenes** mientras que **otras partes** de la nebulosa **brillan** con luz propia. Está a 1350 años luz de distancia, pero su luminosidad es tal que ¡puede llegar a verse sin necesidad de telescopio!

NEBULOSA DE ORIÓN

Cada estrella tiene su tamaño

Las estrellas tienen forma parecida a una esfera, emiten luz y pueden tener diferentes tamaños. Conocemos lo grande que es el Sol, pero no todas las estrellas del universo tienen las mismas dimensiones que él ni brillan con la misma intensidad. Las hay más pequeñas pero también mucho más grandes. ¿Te imaginas?

SOL

Tipos de estrellas

Las **estrellas** tienen **diferentes tamaños, temperaturas, edades, colores y tiempo de vida**. Las más pequeñas y frías son de color rojo, las más grandes y calientes son de color azul y las de temperatura intermedia tienen un color amarillo. Desde que se originan hasta que mueren su color va cambiando también.

El Sol: una estrella mediana

Tiene una **temperatura** en su **superficie** de aproximadamente **5 500 °C** y actualmente es una **estrella estable** que fusiona hidrógeno en su núcleo y emite **luz amarilla**. Su duración estimada es de unos 10 000 millones de años y ahora tiene 4 600 millones de años de edad, se encuentra en la **mitad de su vida**. Pasado este tiempo se **convertirá** primero en una **gigante roja y fría**, luego en una **nebulosa planetaria** y en **enana blanca** y **dejará de emitir luz**. Su fin será mucho más discreto que el de las estrellas masivas.

NEBULOSA ESTELAR — EL SOL ESTÁ AQUÍ AHORA — GIGANTE ROJA — NEBULOSA PLANETARIA — ENANA BLANCA

Enanas rojas

Son las más **discretas**. Tienen una **masa** y un **diámetro inferior** a la mitad del Sol, una **temperatura** relativamente **fría** y **poca luminosidad**, pero **viven una cantidad muy grande de tiempo** debido a la baja velocidad a la que se producen las reacciones en sus núcleos. ¡Pueden llegar a vivir decenas de miles de millones de años!

ENANA ROJA

ESTRELLA
MASIVA

Estrellas masivas

Son las **estrellas de mayor tamaño**, desde ocho a cientos de veces la masa solar. Tienen **altas temperaturas** y emiten mucha **luz azul**. Este poder hace que se **consuman con gran rapidez** y que su vida sea solo de unos pocos millones de años, de las más cortas entre las estrellas. Lo viven todo con mucha intensidad.

Explosión final de una estrella

Las estrellas brillan durante millones de años, pero el hidrógeno que contienen se acaba agotando y entonces empiezan a fusionar elementos más pesados que expulsarán al exterior cuando se produzca su final. Estos elementos componen la materia de la que está hecho todo lo que vemos, así que cuando una estrella muere, comienza también algo nuevo. Somos polvo de estrellas.

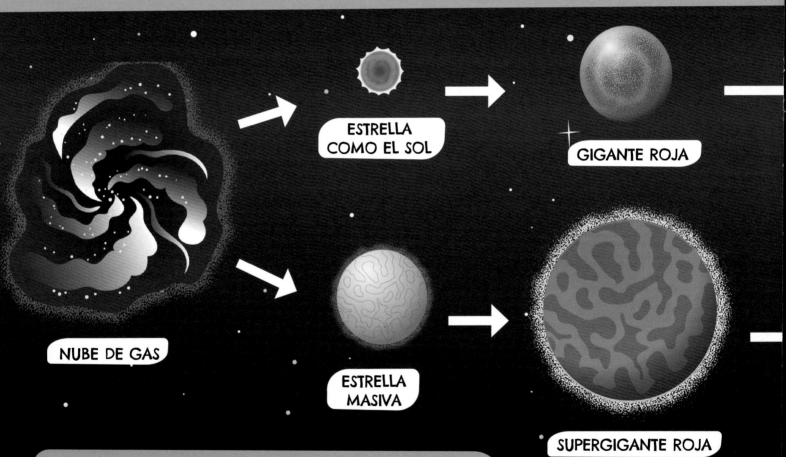

NUBE DE GAS

ESTRELLA COMO EL SOL

GIGANTE ROJA

ESTRELLA MASIVA

SUPERGIGANTE ROJA

¿Cuál es el ciclo de vida de una estrella?

A lo largo de su existencia las estrellas experimentan una secuencia de cambios conocida como **evolución estelar.** Nacen cuando el núcleo caliente empieza a contraerse y el gas hidrógeno que hay en su interior comienza a reaccionar y libera energía en forma de luz y calor. Estas reacciones se repiten a lo largo de la vida estelar, hasta que el combustible se acaba agotando y llegan a su fin, en un tiempo más o menos largo y de manera diferente dependiendo del tamaño de la estrella.

Explosión de las estrellas masivas

Pero ¿qué pasa con esas estrellas que tienen una masa mucho mayor que la del Sol? Cuando llega su final se produce una gran explosión conocida como **supernova**. En pocas horas esta supernova libera más energía que nuestro Sol en toda su vida y provoca una luminosidad espectacular que puede durar de varias semanas a varios meses. Después de la explosión el núcleo de la estrella se contrae en un cuerpo extremadamente denso como **estrella de neutrones** o como **agujero negro**.

Fin del Sol… y de las estrellas de su tamaño

Como decíamos en la página anterior, dentro de unos 6 000 millones de años, cuando el Sol agote el hidrógeno de su núcleo empezará a expandirse más hasta convertirse en una **gigante roja**. El núcleo se comprimirá y acabará expulsando la masa de las capas exteriores en forma de **nebulosa planetaria** que envolverá un resto estelar, una **enana blanca**, que ya no producirá reacciones y se irá enfriando.

ENANA BLANCA

NEBULOSA PLANETARIA

ESTRELLA DE NEUTRONES

AGUJERO NEGRO

SUPERNOVA

¿Qué son los agujeros negros?

Son **objetos tan densos** que su **altísima gravedad** ha **deformado el espacio** que ocupan y **lo que cae en su dominio no puede escapar.** Son como grandes desagües con una fuerza muy grande de absorción. La mayoría de las **galaxias espirales** tienen un agujero negro en el centro; también **la Vía Láctea,** nuestra galaxia, ¡tiene un monstruo oscuro habitando en ella!

Existe un Universo oscuro

Hemos visto un montón de cosas interesantes que hay en el universo: galaxias, nebulosas, estrellas, planetas, satélites, cometas, asteroides... Pues quizá te sorprenda saber que esto solo constituye el 5% del universo y que todo lo demás es energía y materia oscura. ¡Lo que queda por descubrir!

La energía oscura

Constituye el **68% del universo**. Se sabía que el universo está en fase de **expansión**, pero gracias a esta energía se ha descubierto que lo hace de forma **acelerada**, es decir, que según pasa el tiempo el universo se expande a más y más velocidad. ¿Hasta dónde podrá expandirse?

¿Qué es la materia oscura?

Los científicos siguen investigando para explicar qué es exactamente la **materia oscura**, pero se sabe que constituye el **27% del universo.** Está compuesta por **partículas** que **no absorben, reflejan o emiten luz**, por lo que no puede verse directamente, solo se ven los efectos que produce sobre otros cuerpos. ¡Qué misteriosa!

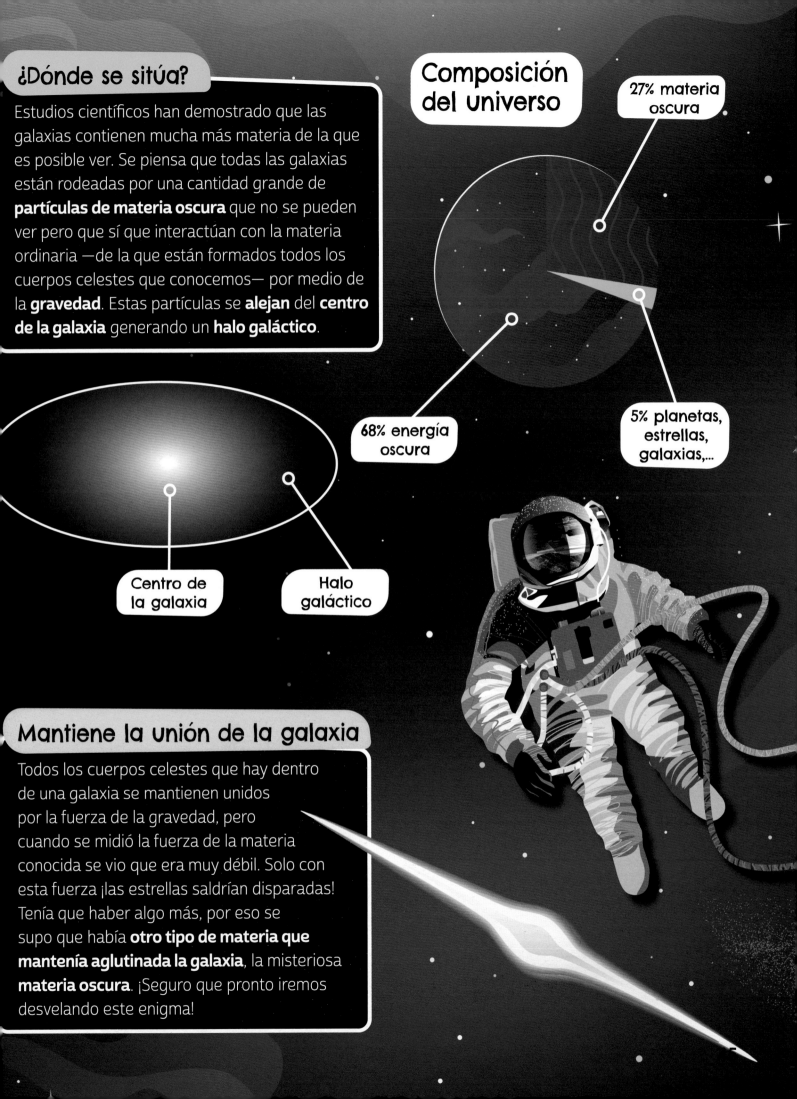

¿Dónde se sitúa?

Estudios científicos han demostrado que las galaxias contienen mucha más materia de la que es posible ver. Se piensa que todas las galaxias están rodeadas por una cantidad grande de **partículas de materia oscura** que no se pueden ver pero que sí que interactúan con la materia ordinaria —de la que están formados todos los cuerpos celestes que conocemos— por medio de la **gravedad**. Estas partículas se **alejan** del **centro de la galaxia** generando un **halo galáctico**.

Composición del universo

27% materia oscura

68% energía oscura

5% planetas, estrellas, galaxias,...

Centro de la galaxia

Halo galáctico

Mantiene la unión de la galaxia

Todos los cuerpos celestes que hay dentro de una galaxia se mantienen unidos por la fuerza de la gravedad, pero cuando se midió la fuerza de la materia conocida se vio que era muy débil. Solo con esta fuerza ¡las estrellas saldrían disparadas! Tenía que haber algo más, por eso se supo que había **otro tipo de materia que mantenía aglutinada la galaxia**, la misteriosa **materia oscura**. ¡Seguro que pronto iremos desvelando este enigma!

¿Dónde hay vida?

Durante mucho tiempo se creyó que en determinados ambientes de condiciones extremas era imposible que existiera algún tipo de vida... hasta que se descubrió una gran variedad de especies de tamaños microscópicos que vivían en ellos. Esto ha hecho replantearse lo que creíamos saber sobre la vida en la Tierra y ha abierto la posibilidad de encontrarla en otros rincones del espacio.

Extremófilo, ¡vaya nombre!

Se llama **extremófilos** a todos los **organismos** que son capaces de soportar **condiciones extremas** en la que la mayoría de los seres vivos conocidos morirían. Esos ambientes extremos pueden afectar a la **temperatura**, a la **ausencia o exceso de oxígeno**, a una **concentración alta de metales, radiaciones elevadas,** etc. Ejemplos son los **microorganismos** que fueron encontrados en el fondo de la Fosa de las Marianas sometidos a presiones extremas y sin luz o los **osos de agua**, los más resistentes, capaces de sobrevivir a altas radiaciones y suspender sus procesos metabólicos durante periodos de tiempo para adaptarse a condiciones hostiles. ¡Podrían aguantar en el espacio exterior sin traje espacial!

Vivir al límite

Estos **organismos** son **antiguos y muy diversos**. Han vivido en la Tierra desde hace miles de millones de años. Pueden habitar en desiertos o lugares donde no hay agua, en fuentes hidrotermales volcánicas o submarinas, en aguas o suelos con mucha sal, en minas donde hay altas concentraciones de metales, en aguas muy ácidas o alcalinas, en suelos carbonatados, en lechos oceánicos muy profundos donde la presión es muy elevada, en lugares con temperaturas superiores a 121 °C o en glaciares y temperaturas bajo cero. **¡Son unos auténticos supervivientes!**

Un desafío a nuestras creencias

Hasta no hace mucho decíamos que la **vida** en nuestro planeta se desarrolló gracias a que se dieron unas **condiciones de temperatura, presión, oxígeno, luz y agua determinadas**. La vida fuera de estos parámetros no nos parecía posible, pero para los **organismos extremófilos sí** que lo es. Esto hace pensar que pudo haber vida en la Tierra antes de lo que pensamos y que también puede existir vida extraterrestre, ya que las condiciones extremas no suponen un obstáculo para la actividad biológica.

OSOS DE AGUA O TARDÍGRADOS

0,1 mm — El más pequeño

1,5 mm — El más grande

530
Existen desde hace 530 millones de años.

Pueden vivir en agua hirviendo y en hielo sólido.

Pueden sobrevivir hasta 10 días en el espacio.

Pueden reparar su ADN después de daños por radiación.

Boca

Garras

8 patas

¿Volvemos a mirar?

Hemos buscado a nuestro alrededor intentando encontrar formas de vida similares a la que conocíamos, o condiciones ambientales que permitieran su existencia. Descubrir que hay **organismos** que pueden **sobrevivir en ambientes extremos** arroja una nueva luz a las investigaciones en el espacio. Quién sabe, por ejemplo, si hay un océano bajo las cortezas heladas de Europa y Encélado, los satélites de Júpiter y Saturno, que albergue algún tipo de estos microorganismos. ¡Habrá que seguir explorando y recogiendo muestras!

A la conquista del espacio

Desde que el ser humano apareció en la Tierra su mirada se dirigió en muchas ocasiones al cielo, un espacio lleno de misterios. Fueron muchas las civilizaciones que soñaron con poder viajar más allá de los límites conocidos y desvelar los secretos del universo. Y por fin un día se consiguió este objetivo y comenzó una nueva aventura... ¡la aventura espacial!

Carrera por llegar al espacio

Viajar al espacio era un sueño. Un sueño que los **Estados Unidos** y la **antigua Unión Soviética** convirtieron en una auténtica **carrera** por demostrar su superioridad tecnológica en plena Guerra Fría. A mediados de la década de los cincuenta del siglo XX ambos países anunciaron sus planes de utilizar cohetes para lanzar satélites al espacio. ¿Quién lo logró antes?

Lanzamiento del Sputnik

El 4 de octubre de 1957 la **Unión Soviética** anunció que había puesto en órbita un satélite artificial llamado **Sputnik 1**. Su tamaño no era superior a una pelota de playa con sus 58 cm de diámetro y su peso era de apenas 80 kg. Sus capacidades técnicas también eran limitadas pero logró orbitar durante 92 días alrededor de la Tierra. ¡Fue el **primer satélite artificial** de la historia puesto en **órbita**!

Animales por el espacio

Varios han sido los experimentos que se han hecho para medir los efectos de los viajes espaciales en seres vivos. Las moscas de la fruta fueron las primeras que se lanzaron al espacio en 1947. Más tarde Estados Unidos hizo pruebas con monos y la Unión Soviética con perros. Precisamente la **perra Laika** se hizo famosa por ir dentro del **Sputnik 2**, una nave espacial lanzada el 3 de noviembre de 1957 y que **orbitó la Tierra** con ella en su interior. Fue un desafío por parte de la Unión Soviética que quería demostrar su ventaja en la carrera espacial.

Laika

Primer humano en vuelo espacial

Había un objetivo muy importante que faltaba por lograr: que un ser humano llegara al espacio. Y fue **Yuri Gagarin** quien, en un vuelo histórico de 108 minutos, consiguió llegar al espacio exterior en su cápsula espacial **Vostok 1** y completar una órbita de la Tierra el 12 de abril de 1961. Una vez más los rusos iban por delante de Estados Unidos, que 23 días después logró que un astronauta estadounidense, Alan Shepard, llegara al espacio en un vuelo de **15 minutos** que quedó eclipsado por la reciente hazaña de Gagarin. ¡La conquista del espacio no había hecho nada más que comenzar!

Viajamos a la Luna

La agencia espacial estadounidense NASA puso en marcha en la década de los sesenta del siglo xx el Programa Apolo, cuyo objetivo era sobrevolar la Luna y lograr el aterrizaje de astronautas en su superficie. El proyecto fue uno de los triunfos más importantes de la tecnología y escribió capítulos memorables de la historia espacial.

Un trágico comienzo

En **1967**, poco antes de lanzar el primer vuelo tripulado a la Luna, durante una prueba del Apolo 1 hubo un **incendio** en el módulo de mando y **murieron** los **tres astronautas** que había en su interior. Desde luego no hubo peor manera de empezar.

Primeras pruebas

Las **siguientes misiones**, desde el Apolo 2 al Apolo 6, fueron **pruebas de lanzamientos automáticos** para comprobar sistemas de vuelo. Hubo dos misiones tripuladas en órbita terrestre, las del Apolo 7 y 9, y otras dos tripuladas que sobrevolaron la Luna sin aterrizar todavía en ella, las del Apolo 8 y 10. Los astronautas del Apolo 8 fueron los primeros humanos en ver en directo la cara oculta de la Luna, esa que no podemos ver desde aquí. Todo parecía indicar que el objetivo estaba cerca.

7 **AMERIZAJE**

1 **DESPEGUE**

2 **PROPULSIÓN**

Apolo 11: un viaje histórico

El **16 de julio de 1969** el **Apolo 11 despegó** por fin. Al quinto día comenzaron los preparativos para aterrizar en la superficie de la Luna. El 20 de julio, Neil Armstrong y Buzz Aldrin se metieron en el módulo lunar y se dirigieron a su superficie mientras que Michael Collins permanecía en el módulo de control alrededor de la Luna.

El ser humano deja sus huellas en la Luna

A las 9:56 p.m. del **20 de julio**, hora de Houston, **Armstrong** se convirtió en la **primera persona en pisar la Luna**. Una retransmisión histórica a nivel mundial permitió seguir este acontecimiento en directo. Durante las horas siguientes, Aldrin y él recogieron **muestras**. Regresaron después al módulo lunar, abandonaron la superficie y se volvieron a conectar con la aeronave para subirse al módulo de mando y regresar a la Tierra. «Un pequeño paso para el hombre pero un gran salto para la humanidad».

3 DESACOPLE A CIEGAS

6 RETORNO

5 DESPEGUE

4 ALUNIZAJE

Fin del programa Apolo

Cinco misiones más consiguieron aterrizar en la Luna entre 1969 y 1972, desde el Apolo 12 al **Apolo 17**, con la única excepción del Apolo 13 que sufrió una explosión en su tanque de oxígeno en pleno viaje. Parece que el 13 tampoco fue un número afortunado. Después de la última misión, **nadie más ha vuelto a viajar a la Luna**... aunque puede que no falte mucho.

TRAYECTORIA DE IDA A LA LUNA

TRAYECTORIA DE VUELTA A LA TIERRA

Cohetes espaciales y transbordadores

Para volar por el espacio hay que conseguir primero despegar de la Tierra y salir de la órbita terrestre. La gravedad es una fuerza muy poderosa que hay que vencer. Los cohetes proporcionan ese impulso para saltar al espacio y moverse por él.

¿Cómo funciona un cohete?

Un cohete funciona prácticamente igual que cuando dejas escapar el aire de un globo inflado. La diferencia es que en los **cohetes espaciales** se produce un **escape controlado de gases** al quemar combustibles en su interior. Como estos gases se expulsan **con gran rapidez,** hacen que la parte superior del cohete salga **hacia arriba a gran velocidad**.

TRANSBORDADOR

3, 2, 1... ¡al espacio!

Hay tres etapas importantes: la **fase de lanzamiento**, la **fase espacial** y la **fase de aterrizaje**. La primera es la más **costosa**, pues abandonar la atmósfera requiere de una gran potencia. En la segunda, y una vez en órbita, la nave se mueve por el espacio gracias a sus propios motores de propulsión. Para la tercera fase, o aterrizaje, se suelen utilizar diferentes tipos de paracaídas, si se llega a la atmósfera terrestre, o pequeños cohetes en destinos sin atmósfera. ¡Vaya viaje!

Partes del cohete espacial

Gracias a los cohetes es posible **enviar satélites artificiales y naves tripuladas** al espacio. Constan de dos partes principales: la **base**, que contiene los motores de propulsión y los combustibles, y la **carga útil o nave espacial.** La nave espacial puede estar o no tripulada y lleva ordenadores y servicios de comunicación para transmitir información en tiempo real.

ET - External Tank (Tanque externo)

SRB - Solid Rocket Boosters (Cohetes Aceleradores Sólidos)

Los transbordadores

Son **naves** que se construyeron para que se pudieran emplear en **más de un vuelo espacial** transportando astronautas y materiales al espacio. Cuando el transbordador alcanzaba los 45 km de altitud se desprendía de los dos cohetes laterales, que descendían en paracaídas hasta la Tierra para ser reutilizados. Luego se deshacía del depósito de hidrógeno y oxígeno, que ardía al entrar en contacto con la atmósfera terrestre. La nave podía navegar por el espacio con sus propios motores y luego volver a la Tierra aterrizando como un avión. Eran una **mezcla de cohete, nave espacial y avión**.

④ INSERCIÓN EN ÓRBITA

③ SEPARACIÓN ET

② SEPARACIÓN SRB

① DESPEGUE

FASES DE DESACOPLAMIENTO

Necesitas un
traje espacial

Para soportar las condiciones adversas, protegerse de la radiación y temperaturas extremas, es necesario salir al espacio equipado con un soporte vital como es el traje espacial. Además debe proporcionar una cierta flexibilidad para llevarlo en lugares donde los movimientos son distintos a los de la gravedad terrestre. Desde los primeros modelos, toda una serie de mejoras se han ido añadiendo al desfile de trajes espaciales.

1961   1963   1964   1969   2009   2020

Los primeros modelos

Al principio los trajes estaban pensados para no salir de la nave, por lo que eran **modelos** que solo **protegían** frente a los **cambios de presión**. Posteriormente se añadieron flotadores al diseño por si había algún accidente al regresar.

Hay que salir al exterior...

Más tarde las misiones requerían **salir de la cápsula**, así que se les añadió una especie de **manguera** que conectaba el **traje con la nave** para suministrar oxígeno al astronauta. ¡Una especie de cordón umbilical!

... y moverse con independencia

Pero había que caminar sobre la Luna y se requería cierta independencia. Los trajes que en 1969 llevaron los astronautas en la Luna llevaban ya un **soporte vital incorporado** y permitieron moverse fuera y separados de la nave **durante 115 horas**, algo totalmente revolucionario.

Más innovaciones

En 1980 se diseñaron **trajes de movilidad extravehicular** para moverse por el espacio con independencia y en 1984 se acopló una **mochila** que permitía al astronauta desplazarse libremente de **manera propulsada**. Estos sistemas se han ido perfeccionando para garantizar la seguridad en los paseos espaciales.

Una mochila con GPS

En próximas misiones a la Luna, el equipo irá reforzado con una mochila especial, una especie de GPS que proporcionará un mapa 3D en alta resolución de su área próxima. Una ayuda importante que dará una mayor seguridad a los astronautas porque ¡no debe ser fácil **orientarse** en un sitio tan desconocido!

CASCO

SISTEMA DE SOPORTE VITAL

VISOR

MANGA DESMONTABLE

Un nuevo traje para ir a la Luna

Después de más de cinco décadas los astronautas volverán a pisar la Luna, y para ese viaje se están diseñando unos **trajes nuevos**, más cómodos, que se adapten mejor a diferentes tamaños de cuerpo y que pesen menos, con cojines en la parte superior del brazo y botas especiales para caminar por la Luna. Unas **pequeñas naves en miniatura** mucho más confortables que los trajes anteriores. ¡Un carísimo reto!

GUANTES

Una casa con
vistas a la Tierra

Un gigantesco rompecabezas, la Estación Espacial Internacional, gira alrededor de la Tierra y pasa sobre nuestras cabezas varias veces al día. Comenzó siendo un sueño, el de vivir en el espacio, y desde el año 2000 está permanentemente habitada.

¿Cuándo se construyó?

El **primer componente,** Zarya, fue lanzado el 20 de noviembre de **1998** por **Rusia**. A continuación, **Estados Unidos** utilizó un transbordador para lanzar el **siguiente módulo,** Unity, el 4 de diciembre, que se acopló al módulo ruso en el espacio. Este fue el inicio de la construcción. Posteriormente se han ido **agregando módulos** que van formando este gran rompecabezas espacial. La **primera tripulación** llegó a la estación en **noviembre del 2000** y desde entonces ha tenido siempre habitantes en su interior.

VEHÍCULO DE TRASFERENCIA

MÓDULO DE CARGA

¿Quién participó en su construcción?

Este es un proyecto de colaboración internacional entre **cinco agencias espaciales** de **Rusia, Estados Unidos, Japón, Europa y Canadá.** Se trata de una estructura habitable con más de **47 piezas** de ensamblaje situada a unos 435 km de altura. Tiene unos 109 m de largo y 80 m de ancho —más o menos como un campo de fútbol—, un peso de unas 419 toneladas y viaja a 28 000 km/h. ¡Al día da casi unas 16 vueltas a la Tierra!

¿Qué investigaciones se realizan?

La estación sirve como un **laboratorio** de **investigación científica y médica,** de **observación terrestre y astronómica,** se realizan **estudios** acerca de cómo afecta la microgravedad y las radiaciones a los cuerpos en el espacio, es un **campo de pruebas** para futuras naves que participarán en misiones espaciales a Marte o la Luna y también se hacen colaboraciones con **fines educativos** y de **divulgación.** Desde su puesta en marcha ¡se han realizado más de **3 000 investigaciones científicas** de 108 países!

PANELES SOLARES

Muchas visitas en estos años

Unas 256 personas de 19 países han estado en la Estación Espacial Internacional desde su construcción. El récord de permanencia continuada lo tiene **Valeri Polyakov,** con 438 días, y de permanencia acumulada en varias expediciones **Gennady Padalka,** con 879 días viviendo en la Estación Espacial Internacional. Teniendo en cuenta las condiciones de la vida allí ¡eso sí que es resistencia!

SISTEMA DE MANIPULACIÓN

MÓDULO LOGÍSTICO

LABORATORIO

¿Cómo es el interior?

El interior tiene una **parte habitable** con seis dormitorios, dos baños, una ventana panorámica de 360 grados y un gimnasio para que los residentes puedan compensar la pérdida de masa muscular y ósea que sufren en ese estado de microgravedad. Pero la estación es sobre todo un **laboratorio científico**, un pequeño universo de investigación.

Viviendo en el espacio

Para vivir en el espacio hay que adaptarse a un modo de vida completamente diferente al que tenemos aquí en la Tierra. Hay que tener cuidado en conservar recursos como agua y comida y reducir al máximo los desechos generados. Comer, dormir, lavarse, hacer ejercicio o ir al baño son actividades que han de realizarse adaptándose a una situación de ingravidez. ¿Quieres conocer cómo se vive en el espacio?

Comer y beber

Los alimentos tienen que ocupar muy poco, ser ligeros y mantenerse a temperatura ambiente. Hay **alimentos rehidratables** a los que hay que añadir el agua para su consumo, **envasados** para conservar a temperatura ambiente, **cocinados y esterilizados** antes de envasar, alimentos **frescos** como frutas y en **estado natural** como nueces y galletas.

¿Qué se hace con la basura?

Cuatro tripulantes pueden generar unos 2500 kg de basura al año. **Recoger** la **basura** aquí no es tan **sencillo** como en tu casa. Ahora disponen de unos **contenedores** que pueden albergar hasta 272 kg de basura que una vez llenos se **lanzarán al espacio** para **quemarse** al llegar a la **atmósfera**. ¡Una recogida casi automatizada!

Dormir y hacer ejercicio atados

Estas **dos actividades** solo se pueden hacer con las correspondientes **ataduras** si no se quiere salir volando. Para dormir hay que meterse en sacos y sujetarse a la pared mediante correas. Si eres muy sensible a la luz tampoco lo tendrás fácil en la Estación Espacial Internacional porque ¡amanece cada hora y media!

Higiene personal

Para cepillarse los dientes la **crema dental** que se utiliza es **comestible** y hay que cerrar muy bien la boca mientras se limpia y tragar la pasta después. Y **¡nada de duchas!**, que el agua no cae, flota en gotas y además hay poca. Para limpiar el cuerpo se utilizan toallitas humedecidas. La **ropa** hay que utilizarla todo el tiempo que aguante limpia, porque **no se puede lavar**, así que cuando ya no resulta muy higiénica ¡se tira al contenedor de desechos!

Ir al baño

En la Estación Espacial Internacional hay un **tubo de succión** para la **orina** que permite reciclarla y extraer el agua que pueda ser útil. Hay también un **inodoro especial** para recoger en bolsas las **heces**, que se comprimen y se mandan al contenedor de desechos. Para poder hacer uso del inodoro hay que utilizar también correas. ¡Nadie dijo que fuera fácil vivir en el espacio!

¡Estamos rodeados de satélites artificiales!

Puede que no seas consciente de que existen, pero desde que se lanzó el Sputnik 1, el primer satélite artificial, hay miles orbitando en el espacio. Los utilizamos a diario al consultar Internet, ver la televisión, activar el GPS, consultar el tiempo o cuando nos comunicamos con otros a través de las redes.

¿Qué es un satélite artificial?

Son **objetos fabricados** y **puestos en órbita** por el **ser humano**. Están programados para evitar el choque con meteoros y evitar ser golpeados, aunque pueden ser destruidos por un misil lanzado desde la Tierra y generar más de dos mil piezas de basura. Estas acciones son realmente peligrosas.

ESTACIÓN TERRESTRE

Basura espacial

Los **escombros** que se originan por la fragmentación de satélites cuando se destruyen se convierten en **basura espacial**. Se estima que actualmente hay más de **40 000 objetos flotando** por el espacio, ¡unas 7 600 toneladas de basura!

Hay miles en órbita

En 1957 el Sputnik 1 hizo historia al ser el primer satélite artificial puesto en órbita. Desde entonces se han lanzado miles al espacio. Se pueden situar en **tres tipos de órbita: baja, media o estacionaria.** La mayoría se encuentran en la **baja**, entre los 500 y 1500 km de la superficie terrestre, aunque los satélites de comunicación suelen estar en la órbita **geoestacionaria**, en un punto fijo sobre la Tierra situado a unos 36 000 km. Ya hay más de 8 000 en órbita y hasta las empresas privadas han empezado a hacer lanzamientos. Está previsto que en los próximos años se pongan en el espacio ¡más de 100 000 satélites!

PANELES SOLARES

No son todos iguales

Los hay de **muchos tamaños** y su peso puede ir desde menos de un kilo a miles de kilos. **Tampoco** su **misión** es la **misma**, pues hay satélites militares, de navegación, de comunicaciones, meteorológicos, usados como armas espaciales, como espías o para la investigación científica, entre otras funciones.

ANTENA RECEPTORA

BASURA ESPACIAL

Órbitas cementerio y zombis espaciales

El **tiempo de vida** también es **limitado** para los satélites artificiales. Algunos, cuando dejan de funcionar y se quedan sin combustible, son atrapados por la gravedad y se queman al entrar en la atmósfera terrestre, pero los que están más alejados, cuando dejan de ser útiles, se envían a **«órbitas cementerio»** para que no entorpezcan en el espacio y no lleguen a la atmósfera. En alguna ocasión, algún satélite declarado «muerto» ha comenzado a emitir señales décadas después de su fin, por eso se les llama **«satélites zombis»**.

Turismo espacial

De nuevo la fuerte competencia entre países y empresas ha puesto en marcha otra carrera espacial. Por un lado está la rivalidad entre potencias que quieren demostrar su fuerza presumiendo de sus logros, y por otro están las compañías privadas que compiten entre sí por obtener beneficios aprovechando comercialmente los recursos del espacio. ¡Una nueva era espacial ha comenzado!

Los ricos salen al espacio

Lo que hace años era un sueño, cada vez está más cerca. ¡Ya no hace falta **ser astronauta** para viajar al espacio!... aunque todavía está reservado a los acaudalados. Cada vez más empresas turísticas preparan nuevas ofertas con experiencias de turismo espacial: desde realizar vuelos experimentales en ausencia de gravedad a subir en una nave que ofrezca vistas desde el espacio.

Un lujoso globo

En no mucho tiempo una **cápsula** con capacidad para **ocho pasajeros y un piloto** y que dispone de **todo tipo de lujos**, desde un salón con wifi, baño y bar, ofrecerá sus servicios turísticos. Alcanza una altitud de unos 31 km y permite ver un área de 700 km alrededor de la Tierra. Un **globo** espacial transportará esta cápsula en un viaje de siete horas disfrutando de las vistas de nuestro planeta.

¿Vamos en ascensor?

Ya hay proyectos diseñados cuyo objetivo es **llegar** a la **Estación Espacial Internacional en ascensor** y abaratar así los costes de los envíos. Unas 30 personas podrían viajar a 200 km/ h dentro de un vehículo ovalado en un trayecto de ocho días. ¿Te atreverías a subir?

HOTEL

Hoteles y negocios en el espacio

Naves espaciales privadas han llegado ya a la **Estación Espacial Internacional** y hay proyectos para incorporar en ella módulos destinados a convertirse en **hoteles**. También hay empresas que han hecho públicos sus planes para construir nuevas **estaciones espaciales comerciales,** con zonas de negocios, hoteles y espacios para alquilar. Parece que la Tierra se nos está quedando pequeña.

¿Vivir en otros planetas?

Quizá en un futuro no solo se viaje para hacer turismo y volver. A lo mejor se logra crear un **espacio habitable en otros planetas.** Después de todo lo que has descubierto del universo, ¿te apetecería también viajar más allá de nuestras fronteras terrestres? Puede que tus sueños se conviertan en realidad.

CONTENIDO